SOCIÉTÉS
DU DIX-DÉCEMBRE

ET

DES AMIS DE L'ORDRE ET DE L'HUMANITÉ

DÉVOILÉES ;

SUIVIES DE

Révélations sur le Complot ALLAIS

ET SUR LES SCÈNES DE LA RUE DU HAVRE,

PAR MULET,
ex-secrétaire des deux Sociétés et accusé dans le complot Allais.

M. LE PRÉSIDENT. Vous jurez sans haine et sans crainte de dire la vérité, rien que la vérité, toute la vérité.
LE TÉMOIN. Je le jure.

Prix : 75 centimes.

PARIS.
SE VEND CHEZ L'AUTEUR
RUE SAINT-HONORÉ, 287, HOTEL DE L'ORME.
ET CHEZ LES MARCHANDS DE NOUVEAUTÉS.

1851.

SOCIÉTÉS

DU DIX-DÉCEMBRE

et des Amis de l'Ordre et de l'Humanité.

L'émotion produite dans l'opinion publique, ce que je dois à ma famille, à mes amis, à moi-même, tout me fait un devoir de descendre dans l'arène; mais j'y vais combattre avec une arme bien puissante, avec une arme toujours victorieuse : cette arme, c'est la vérité. Qui me blâmera de porter la lumière dans l'obscurité? si ce n'est celui qui a intérêt à ce que cette obscurité continue. Qui me blâmera de faire acte de bon citoyen, en rendant publics des faits qui ont produit tant d'agitation? si ce n'est celui qui n'est pas bon citoyen lui-même.

Ma position comme secrétaire de l'une et l'autre Société, celle toute exceptionnelle d'accusé dans le ridicule complot d'Allais, me rendent facile la tâche que j'ai entreprise d'éclairer le public, que des gens intéressés abusent tous les jours, les uns en se servant de la venimeuse calomnie, les autres par des propos inconsidérés, mais presque tous par esprit de parti. Ce sera du moins une consolation pour moi si je parviens à faire fuir dans cette affaire la calomnie, qui, avouons-le, grâce à la légèreté proverbiale de notre caractère, a tant d'empire dans notre beau pays, dans un moment surtout où sa mère la corruption, appuyée sur l'égoïsme, a un pouvoir tel, et je dirai si absolu, que c'est presque un crime d'avoir une croyance quelconque.

Ce n'est pas dans la corruption que prirent naissance les Sociétés dont nous nous occupons, mais bien dans le culte des gloires de l'empire ; presque tous les adhérents aux deux Sociétés sont nés à cette époque illustre et conservent dans leurs cœurs les souvenirs de ces temps immortels ; pour eux, le nom de l'homme géant qui en est la personnification est aussi une religion. Mais, hélas! dans toutes les sociétés, surtout celles qui sont nombreuses, il y a les acteurs et les comparses ; aussi tous ces hommes, qu'un sentiment honorable réunissait dans une véritable confraternité, n'étaient destinés qu'à être les instruments aveugles de gens qui voulaient arriver aux honneurs, ou atteindre les places à leur convenance. Et la Société du *Dix-Décembre*, qui, dans le principe, n'était qu'une association pour se secourir mutuellement en cas de maladies, d'accidents ou de malheurs imprévus entre personnes ayant communauté d'opinion, dégénéra bientôt en réunion d'individus pour diriger les élections. Cette Société fut régulièrement constituée par acte du 29 août 1849 et par un acte supplémentaire du 24 septembre de la même année, délivrés par M. Trenet, commissaire de police de la ville de Paris, en exécution des ordres de M. le préfet, et elle fut déclarée à la préfecture de police par les soins de M. Gallix, chevalier de la Légion-d'Honneur, membre fondateur de ladite Société, inscrite sous le numéro 68, 2e série. Au 10 mars, les acteurs voulurent entrer en scène et faire marcher les comparses; mais, parmi ces derniers, se trouvèrent des hommes qui ne voulurent pas subir l'influence des premiers, ce qui fut cause de plusieurs démissions, et la mienne fut ainsi conçue :

A Monsieur Gallix, censeur et directeur de la Société du *Dix-Décembre*.

Monsieur,

Je viens vous réitérer par écrit ma démission de secrétaire de la Société du *Dix-Décembre*.

Quant à ma qualité d'adhérent et d'inspecteur de ladite Société, j'entends la conserver.

Les motifs qui m'ont déterminé à prendre cette résolution sont : l'absence de toute propagande efficace, quelques causes relatives à votre administration intérieure, mais surtout la fausse direction que vous avez imprimée à la Société lors des élections dernières.

La cause napoléonienne, pour triompher sur ses adversaires, ne doit se servir que d'une arme, Monsieur, celle de la vérité, de la sincérité. Or, ce qui s'est passé dernièrement à Valentino a offert la triste preuve du contraire.

J'ai l'honneur d'être, Monsieur, votre serviteur.

Signé MULET.

Elle fut suivie de la retraite de plusieurs membres du conseil d'administration qui n'approuvaient pas la fusion avec l'Union électorale. (1)

Comme on le voit, si je donnais ma démission de secrétaire, j'entendais rester adhérent, ne faisant pas peser sur la Société les actes du censeur, mais celui-ci parvint, par son habileté et son influence sur les membres restants, à me faire rayer, et une lutte, dans laquelle M. Gallix n'employa pas toujours des armes courtoises, se déclara entre lui et moi. Alors une partie

(1) M. Gallix qui prétendait résumer en lui toute l'association, avait pris l'engagement formel dans les réunions préparatoires de ne point fusionner avec l'Union électorale, c'est ce qu'il fit malgré ses promesses.

des membres dissidents résolurent de former une société rivale du *Dix-Décembre*, laquelle prit la dénomination de *Société des Amis de l'ordre et de l'humanité ;* son siége fut fixé rue du Faubourg-Montmartre, n° 9. Cette Société n'eut d'autre but que celui que son titre indique suffisamment ; ses emblèmes se composaient d'une médaille, dont une face montrait réunies les têtes de Napoléon, empereur, de Napoléon II et du président de la République, et l'autre, deux os mortuaires en croix surmontés d'un cœur enflammé. Sur la première, on lisait : *Société des Amis de l'ordre et de l'humanité ;* sur la seconde : *Accomplissons notre devoir, Dieu fera le reste.* Nobles paroles du président de la République en réponse au discours du maire de Caen.

L'ornementation de la salle consistait en un buste de l'empereur, de celui du président de la République; au milieu, un chapeau de l'empereur ; sur les panneaux des fenêtres étaient peintes les armes des dix-huit principales villes de France ; puis, autour de la salle, on lisait les noms des principaux savants et artistes ; dans les panneaux de la partie cintrée, se trouvait d'un côté un Christ en croix : le fond montrait le mont Golgotha, de l'autre côté, un tableau représentant la Science, les Arts, l'Industrie et le Commerce ; au milieu, les armes de la ville de Paris. Le serment qui fut adopté, malgré une vive opposition de ma part, était ainsi conçu : « Je jure fidélité au président de la République ainsi qu'à son illustre famille, et de les défendre jusqu'à la dernière goutte de mon sang. » Je ne voulais pas de serment, pensant qu'il donnait un caractère politique à la Société. Le plus grand calme présidait à nos séances, qui se passaient à entendre lire les biographies du brave capitaine Manceau et celle du fourrier Desban, fusillé en 1815. Ce fut dans cette Société ainsi constituée que l'agent de police Allais choisit les auteurs de son fameux complot, et les causes qui amenèrent cet homme à faire son odieux rapport à M. Yon, commissaire ce police de l'Assemblée nationale, n'eurent leur origine que dans la jalousie qu'il nourrissait contre un nommé Collignon, que nous avons voulu d'abord éloigner, mais qui nous produisit de si bons certificats, notamment le témoignage de M. Malassaigne, membre du conseil municipal de Montmartre, qu'il fut maintenu en sa qualité d'adhérent. Ce n'était pas ce qui convenait au sieur Allais, qui s'était glissé parmi nous depuis peu. Il s'en plaignait avec indignation, nous répétant que le nommé Collignon avait été attaché à l'Assemblée nationale sous le gouvernement provisoire, et m'offrant de me conduire chez M. Yon pour avoir tous les renseignements précis à cet égard.

Dans une de nos séances, d'ordinaire si paisible, cette indignation se changea en fureur, il insulta grossièrement les membres du bureau, et ce à tel point, que le directeur s'écria : mettez cet homme à la porte, c'est un agent provocateur; ce qui fut fait immédiatement; mais à son tour le sieur Allais s'écria en sortant : Vous entendrez parler de moi. Voilà l'origine du ridicule complot Allais, et la vengeance de ce dernier fut digne de lui. L'ordonnance de non lieu, et la condamnation du sieur Allais, me dispensent de m'étendre sur cette affaire et sur la réunion chez l'épicier Pichon, réunion qui n'eut lieu que dans la tête d'un homme que je laisse à l'opinion publique le soin de qualifier.

Voir les deux lettres adressées par moi au juge d'instruction.

Quant à moi, que cet agent de police a mis en scène,

l'esprit dans lequel est conçue ma démission de secrétaire de la *Société du Dix-Décembre*, démontre que je ne voulais dans les sociétés napoléoniennes que de la légalité, et que je ne les considérais que sous un point de vue d'humanité et de propagande loyale, et je me crois aussi assez fort en politique pour savoir que la mort de MM. Dupin et Changarnier, dont les existences sont précieuses à plus d'un titre, n'eussent rien changé à l'état de choses actuel.

Quant aux lettres que le sieur Allais a mentionnées dans le procès, on verra, en les lisant, aux pièces justificatives insérées à la fin de cette brochure, qu'elles n'avaient trait ni à renverser l'Assemblée, ni à proclamer l'empire, et qu'elles étaient adressées à des amis particuliers en province, en traitant de la prorogation, et non dans un but de provoquer à des manifestations illégales.

Plusieurs organes de la presse ont également produit dans leurs feuilles les scènes de la rue du Hâvre et du chemin de fer de Strasbourg, comme ayant eu lieu en exécution des ordres ou conseils des deux sociétés, je puis affirmer que ni l'une ni l'autre société n'a donné à ses adhérents une pareille mission, et que si des scènes de ce genre ont eu lieu, elles ne furent que le fait d'individus isolés, ou peut-être d'agents provocateurs, car le nombre de dix mille adhérents aux deux sociétés n'était pas sans porter ombrage à plus d'un partisan d'opinion contraire. Sans rien affirmer à cet égard, dans la crainte de tomber dans la calomnie, ne jugeons ces deux sociétés que comme elles doivent l'être, c'est-à-dire comme la réunion d'hommes éminemment français, qui ne voient la France heureuse que si ses destinées sont conduites par la main d'un Napoléon, tant les souvenirs du grand capitaine font vibrer leur cœur, et je ne crois pas qu'il y ait un seul Français qui leur impute à crime ce culte qu'ils professent pour une époque que les annales de la France enregistreront avec tant de fierté, non plus que de s'être réunis en société pour se secourir les uns les autres, car ce n'est pas parmi ces hommes dont la majorité avait tant d'abnégation et de dévouement que se trouvent les heureux du siècle, et bien loin de leur donner l'épithète de prètoriens, admirons leur calme résignation devant la dissolution qui les frappe, et ne voyons en eux que des amis du travail et de l'ordre, sans lequel ils savent que la France ne peut être heureuse.

Pensant éclairer le public, nous croyons à propos de joindre ici le discours remarquable de M. Chaix-d'Est-Ange, qui a bien voulu prêter son grand talent à la partie civile, et celui non moins remarquable de M. Oscar de Vallée, substitut du procureur de la République.

« Messieurs, l'importance que les magistrats ont très-justement attachée à cette affaire, le soin religieux avec lequel l'instruction a été suivie, les développements qu'elle a déjà reçus à l'audience publique, et enfin l'intention infatigable que vous avez bien voulu lui accorder, tout, Messieurs, a complété l'œuvre de la justice. Tout a fait éclater sur ce prétendu complot une lumière si vive, qu'aujourd'hui, ceux qui ont eu le malheur de croire doivent être bien embarrassés de cette mystification, et que ceux qui sont chargés d'en démontrer la fausseté doivent être aussi embarrassés pour prouver ce qui est plus clair que la lumière du jour.

« Je demanderai la permission de préciser devant vous quelques faits.

« Vous savez que, dans son numéro du 8 novembre dernier le *Journal des Débats* se livra à un récit qui a été renouvelé plusieurs fois à votre audience. Voici ce qui s'était passé :

Dans la nuit du 28 au 29 octobre précédent, et c'était le 8 novembre qu'il donnait ce récit, une réunion avait eu lieu, un complot y avait été agité, des mesures abominables y avaient été décidées. En effet, on avait arrêté que le général Changarnier, qui est dépositaire de la force publique, que M. Dupin, président de l'Assemblée, devaient être assassinés. Il y avait vingt-six membres présents à la réunion ; on avait mis des billets dans une casquette ; parmi ces billets, on avait mis deux initiales : l'une devait désigner l'assassin du général Changarnier, l'autre celui de M. Dupin. On avait tiré au sort ; le sort avait désigné celui-ci et celui-là ; l'un avait accepté, l'autre s'était retiré sans rien dire.

« Voilà, Messieurs, quelle était la révélation qui était faite au pays. Je dois dire que, dans les premiers moments, une émotion profonde agita le pays, et, que cependant, lorsque le temps de la réflexion arriva, dès qu'on prit la peine d'y réfléchir, les gens sensés ne crurent pas à ce complot.

« Cependant, l'importance, la gravité du journal qui s'était rendu le dépositaire de cette révélation, la gravité du complot, quelque absurde qu'il parût, la gravité et l'importance des révélations faites, tout dut appeler l'attention du ministère public. Dans sa sollicitude, le procureur de la République écrivit immédiatement au préfet de police et lui demanda s'il avait quelque connaissance de ce complot. M. le préfet de police répondit immédiatement que c'était là un complot imaginaire créé par quelque homme libre, et auquel on avait complètement tort de croire.

La justice ne dut pas se tenir pour suffisamment éclairée par ceci. Elle pensa qu'un double devoir lui était tracé : ou de mettre la main sur les auteurs du complot, si, malgré toutes ces invraisemblances et ces absurdités, il avait réellement existé, ou de mettre la main sur le dénonciateur et de prouver au pays qu'il avait été trompé par un infâme mensonge.

« En conséquence, une instruction fut commencée, le 8 novembre, si je ne me trompe, c'est-à-dire le jour même où le journal avait paru. Qu'y a-t-il de vrai là-dedans ? Et d'abord qu'elle était l'origine de ces bruits ? quelle était la source à laquelle ils avaient été puisés ? Voilà ce qu'il fallait savoir. C'était, disait-on, un rapport de police. De qui émanait-il ? Voilà la première question du procès.

Je dis que c'est la première question. En effet, le caractère, le nom et les antécédents de l'homme devaient achever de détruire toute espèce d'illusion, en démontrant que le complot était faux puisqu'il avait été dénoncé par un tel homme, ou bien, au contraire, si l'homme était grave et par ses antécédents et par sa position digne de foi, alors il devait ébranler l'incrédulité de la justice et des gens sérieux. Il fallait donc remonter à sa source, à son origine, à son révélateur. Alors on reconnut que son révélateur c'était Pierre-Constant Allais, celui qui est là, et que vous avez à juger aujourd'hui.

Allais a essayé de soutenir devant vous un rôle insoutenable. Pressé de tous côtés et accablé par ses mensonges, il n'a pas eu le courage de persévérer dans la voie de la vérité qu'il avait embrassée un instant. Il a essayé de se tenir entre le mensonge et la vérité, et c'est là un rôle insoutenable; il a essayé d'atténuer ses torts et de se donner une importance qui ne lui a jamais appartenu. Tâchons de le remettre à sa véritable place.

Il a dit, au milieu de toutes ces divagations que vous avez entendues, il a eu le courage et la fatuité de dire qu'on l'avait tué moralement vis-à-vis de la société. Et qui donc aurait abaissé cet homme et aurait essayé de faire ce qui était déjà fait et complètement fait depuis longtemps? Il a essayé de dire qu'il était l'ami du prince, qu'on lui avait promis le portrait du prince en miniature, tant son dévoûment pour lui était grand. Non, non, depuis que l'effigie de ceux qui sont à la tête du gouvernement ne figure plus sur les pièces de cent sous, on ne la lui a jamais promise et jamais donnée.

Quand on vient dire à Allais : Mais ce que vous avez déclaré est un mensonge, il répond : Quoi! ce n'est pas vrai? Oui, le fond est vrai; oui, c'est vrai! Les bonapartistes ont conspiré, les bonapartistes veulent tuer tout le monde, ils veulent tuer M. Dupin; ils n'ont qu'une pensée, ils veulent tuer M. le général Changarnier!

Il y a une fantasmagorie autour de tout cela; il y a une mise en scène. La casquette promenée est là; le tirage au sort, tout ce qui donne à ce complot la vie, je l'ai inventé, je suis un menteur; j'ai inventé tout cela, mais c'est un tort léger. Vraiment, voyez comme il se juge, comment il prouve qu'il n'a pas la conscience de ce qu'il fait! Aujourd'hui il reconnaît qu'il a trompé la confiance de son chef, non pas dans le fond, mais dans les détails.

Et dans quels détails? Il dit qu'il entendait bourdonner des propos, qu'il fallait tuer M. Dupin et le général Changarnier; qu'ils étaient les seuls obstacles à la réalisation de leurs projets; qu'il a entendu ce propos, qu'alors il leur a donné un corps, qu'il a mis une mise en scène, qu'il a inventé la casquette, qu'il a nommé des individus, qu'il leur a distribué leurs rôles; il dit que c'est lui qui a inventé tout cela, et il faut que nous ayons confiance en lui, malgré la maxime : *Mendax, semper mendax*. Allons donc!

« Faut-il qu'il y ait dans cette enceinte, faut-il qu'il y ait dans les monde un homme d'esprit assez peu clairvoyant pour dire : C'est égal, il a bien menti, mais il y a un fond de vérité dans ses paroles !

« Mais il est évident que, de ses propres aveux, c'est vous qui venez de le déclarer, c'est un menteur de profession, et dans la parole duquel il ne faut avoir aucune foi.

« Indépendamment de ceci, qui est assez, maintenant que je connais la source de ce complot, nous dirons, pour les plus crédules ou plutôt pour les plus incrédules : Est-ce que ce rapport a le sens commun ? Est-ce qu'il n'est pas repoussé par son invraisemblance même ? Quoi ! le conciliabule se serait tenu la nuit chez cet épicier, dans son arrière-boutique ! il y aurait eu vingt-neuf personnes, dont deux femmes et un enfant, ce qu'il y a de plus indiscret au monde, et ces deux femmes et cet enfant auraient assisté à ce tirage au sort ! Comment, voilà les conspirateurs ! Vous voulez nous y faire croire, et vous pensez, quand il s'agit de tuer les deux principaux personnages du Gouvernement, quand il s'agit de détacher la clé de voûte, qu'on va tirer au sort en présence de deux femmes et d'un enfant, qu'on va laisser des bouches parasites qui ne savent que répéter ce qu'elles ont pu entendre ! On n'imagine pas de pareilles choses ; vous êtes insensé, nous ne pouvons pas y croire. Eh quoi, cette réunion au milieu de la nuit, dans une maison calme, cette réunion à quelques pas du portier, qui devait tout entendre et qui n'a rien entendu ! Vous le voyez, c'est quelque chose d'impossible.

« Mais voulez-vous aussi avoir affaire aux témoignages des personnes impliquées dans cette réunion ? On appelle les témoins, il n'y en a pas un seul qui vienne appuyer vos assertions ; elles reçoivent de tous le démenti le plus énergique. J'espère, messieurs les juges, que vous leur pardonnerez leur vivacité ; elle est peu convenable, il est vrai, au pied de la justice ; mais lorsqu'un homme du peuple, qui n'est pas, comme un commissaire de police, habitué à respecter les formes et à avoir les égards qui sont dus à la justice ; lorsqu'un honnête ouvrier, traduit devant vous, a levé devant vous sa main calleuse pour jurer de dire la vérité, toute la vérité, et qu'il s'entend dire : « Vous êtes un assassin, vous êtes un misérable, vous avez comploté l'assassinat le plus lâche, le plus hideux que je connaisse, l'assassinat politique ; vous l'avez comploté sans haine personnelle, vous avez tiré à qui tuerait telle ou telle personne. » Et quand cet homme sent son sang qui s'allume, et dit à celui qui l'accuse : « Tu es un misérable ! » je lui pardonne, malgré toute la dignité de l'audience, je lui pardonne de l'interrompre, et lui en sais même gré.

« Que de fois n'a-t-il pas entendu ces paroles sur lui; combien de fois n'a-t-il pas dû rentrer en lui-même, quand ces ouvriers qui ont une opinion, comme s'il leur était défendu d'en avoir une, qui la manifestent, ce qui nous étonne, car nous, nous n'avons pas le courage de la nôtre, et nous n'osons jamais proclamer notre foi et avouer nos convictions, quand ces ouvriers disent : « J'ai des bras pour travailler, ils me suffisent, je n'ai besoin de rien demander à personne, » il a dû rentrer en lui-même et dire : « J'ai commis une mauvaise action, c'est mal. »

« Il n'a pas été démenti seulement par chaque personne, par la femme Désirée, qui vous a dit : « Je ne connais pas cet homme! » par Laveyssière, qui prouve que le démenti qu'il apporte est vrai, car il dit : « Non seulement je ne connais pas la maison, mais j'ai travaillé toute la nuit pour une commande qui était pressée, elle est là portée sur mon livre. » Non seulement il a reçu de ces démentis, mais il a été réduit à dire qu'il était calomnié. Il reçoit encore des démentis matériels. Vous avez été à cette réunion, à ce complot, à ce prétendu tirage au sort, qui n'était que la mise en scène d'un complot véritable, d'un complot réel, il y avait vingt-six, vingt-huit, trente personnes? Oui. On y va, on compte les places, il n'en tient que dix.

« Tout cela, Messieurs, je maintiens que ce n'est pas l'œuvre d'Allais, je soutiens que M. Yon est venu à son secours sur ce point, comme il a essayé de le faire sur tous les autres, et qu'il a dit : « Il y a un petit coin qui se termine en queue de rat, et que c'était peut-être là. » Monsieur, il fallait le dire plutôt.

« Le 19, quand cet homme s'est rétracté, M. le juge d'instruction a décrit la disposition des lieux. Il vous a demandé de l'accompagner, vous y avez été. Votre position était grave, dites-vous; oui, elle était grave, et par cela même il fallait constater sur ce qui venait à la décharge d'Allais, et pouvait démontrer la vérité du complot. Vous avez été là; on a examiné, mesuré, vous avez été renversé, atterré; je n'ai pas dit un mot, dites vous, sans doute, parce que vous ne pouviez pas, parce que les localités vous confondaient, parce qu'il est possible de dire ici, loin des lieux, au pied du Tribunal, ce qu'il était impossible de dire là, sur les lieux, et en présence de ces places qui étaient comptées, et qui donnaient à Allais et à votre crédulité (qui dure trop longtemps, tenez) un démenti éclatant et si formel.

« Il dit qu'il a été admis tout de suite dans la boutique, il est impossible d'ouvrir la porte sans certaines formalités; il dit avoir vu Mme Pichon, et Pichon n'est pas marié; il dit qu'il y a un coffre à un double fond, et il se croit sauvé parce qu'il y a un coffre, mais il n'est pas à double fond. Il ressort de tous ces faits qu'il est démenti partout.

« Quand on a écrit à des hommes sérieux qui ne sont torturés par aucune passion, comme M. Froissard et M. Brun, qui est chargé, par mission particulière, de veiller à la sûreté de M. le général Changarnier, et qu'on s'est adressé à eux, après avoir regardé, examiné, ils se sont mis à rire, et ont dit que le complot n'avait rien de sérieux et que c'était de la fantasmagorie.

« Cependant cette fantasmagorie, il y a un homme qui a cru devoir lui donner un corps, une consistance, une existence légale. Quel est celui-là? Vous le savez bien, c'est M. Yon, et c'est lui qui a servi de parrain à ce rapport informe, absurde, impossible, conspué par tous ceux qui ont voulu l'examiner, à ce rapport présenté par Allais.

« J'éprouve ici quelque embarras; je me demande comment je pourrai m'expliquer ou la nullité inexplicable, ou la complicité flagrante de M. Yon. Et savez-vous, Messieurs, si on croit Allais dans ses déclarations dn 19, ce qui, suivant lui, se serait passé? Allais aurait été en définitive la victime complaisante de M. Yon, c'est M. Yon qui l'aurait poussé, excité, amené à faire un rapport, d'abord un rapport verbal, puis un rapport écrit, c'est M. Yon qui aurait surpris sa bonne foi à lui, en lui promettant que ce rapport, que lui, Allais, savait bien être faux, ne verrait pas le jour et qu'il resterait dans les archives. C'est M. Yon qui aurait surpris, trompé ainsi sa bonne foi et ensuite aurait donné existence légale à ce rapport. Que conclure? Je suis embarrassé. Quand j'entre dans l'examen de la cause, je ne puis rien comprendre, rien, absolumeut rien, à ce que fait cet homme.

« C'est le lendemain du complot, c'est le lendemain du tirage au sort, c'est M. Yon qui l'a dit, qu'un homme de la police qui tient entre ses mains la vie de deux fonctionnaires menacée, l'existence de celui qui est à la tête de l'armée et celui qui est à la tête du civil; on va tuer M. Dupin, on va tuer M. le général Changarnier, c'est le 30 octobre qu'on le lui dit, et il demande un rapport écrit! ô heureux officier public, quelle quiétude! est-ce que tout autre à sa place, s'il eût un mot du rapport qui lui était fait, ne fût pas allé à l'instant même trouver l'autorité publique, est-ce qu'il n'eût pas amené l'homme et dit : « Le voilà, interrogez-le, prenez-le. » Mais comme on lui disait que ce n'était que le 2 novembre que devait avoir lieu l'attentat, que le complot ne datait que du 30 et qu'il avait entre les mains l'un des coupables, le révélateur, et que l'autre, homme énergique et ferme, qui après avoir tiré au sort, avait été chargé de tuer le général Changarnier, celui qui ferait peut-être le plus de résistance si l'on venait le tuer, il fait comme le tyran de l'antiquité, qui n'était excusable que parce qu'il était nuit et qu'il était à table, et dit : « A demain les affaires sérieuses, demain vous me ferez un rapport. Certes, il ne croyait pas au complot, car s'il l'eût cru, il serait le plus coupable des hommes, le plus misérable des fonctionnaires publics. Je lui rends cette justice, il n'en croyait pas un mot. »

Arrivant à l'intervention de son client comme partie civile au procès, le défenseur établit, en quelques mots, que son client a été nommé dans le rapport d'Allais, que le bruit qui a couru qu'il était un assassin lui a fait un tort considérable dans son humble commerce de vin, et conclut aux dommages-intérêts qu'il plaira au Tribunal arbitrer.

L'audience, suspendue à deux heures un quart, est reprise à deux heures et demie.

M. le président : La parole est au ministère public.

M. le substitut Oscar, de Vallée s'exprime en ces termes :

« Messieurs,

« Si nous ne vivions pas dans une société troublée, où l'orgueil égare tant d'esprits, où le sentiment exagéré de soi-même tient tant d'hommes hors de leurs devoirs, dès le 30 octobre la justice eût été informée, par les soins de M. Yon, de l'abominable complot qui, suivant ce fonctionnaire, menaçait alors la vie du général en chef de l'armée de Paris et du président de l'Assemblée législative. Pour tout individu venant à connaître un si détestable projet, c'était un acte de bon citoyen de le signaler aux magistrats chargés de poursuivre les crimes ; pour M. Yon, commissaire de police, c'était un devoir impérieux et sacré. Nous le disions au cours du débat, et nous le répétons : quelle que soit la position spéciale de M. Yon à l'Assemblée législative, tant qu'il conservera son caractère d'officier de police judiciaire, sa première et sa plus étroite obligation, celle qui résulte, non pas de la volonté de telle ou de telle personne, mais d'une volonté qui domine toutes les autres, celle de la loi, lui commande de déférer immédiatement à M. le procureur de la République les crimes et délits qui arrivent à sa connaissance.

« Ainsi, le rôle que M. Yon avait à jouer était donc tracé, sinon par la conscience, au moins par son devoir et par la loi.

« Si les choses s'étaient ainsi passées, nous aurions aussitôt informé;

et la France aurait su en même temps que ce complot avait été signalé à la justice, mais qu'il n'existait pas.

« Mais nous n'avons, comme tout le monde, été avertis que le 8 novembre par le *Journal des Débats.*

« Si tardif et si bizarre que soit cet avis, nous le prenons au sérieux; à peine avions-nous lu cet article que, donnant à M. Yon l'exemple de la conduite qui convient à des magistrats en pareilles révélations, nous écrivions à M. le préfet de police pour lui demander des renseignements, et une instruction fut immédiatement commencée.

« Ai-je besoin de dire que le sentiment qui nous anima fut comme toujours religieux et grave ! Nons ne connaissions que l'article des *Débats.* M. le préfet nous écrivait bien que ce complot était une mystification ; mais notre premier besoin et notre premier devoir était de provoquer la lumière.

« Le lendemain seulement, à trois heures et demie, nous reçûmes le volumineux rapport de M. Yon. La justice suivit son cours. Elle a été dans cette occasion ce qu'elle doit être, ce qu'elle n'a pas cessé d'être en France, impartiale sans parti pris, sans préoccupation, décidée à atteindre les coupables quels qu'ils fussent. M. Yon a donné avant-hier ici le scandale d'un homme, ayant l'honneur d'être magistrat, accusant la magistrature de ne pas avoir rempli son devoir. Il a parlé des tortures qu'Allais aurait subies. Nous l'avons sommé d'en indiquer une seule, et il ne l'a pas pu. Allais n'a pas cessé d'être libre jusqu'au jour, 21 novembre, où il a été inculpé. Il n'a connu qu'une violence morale, celle que M. Yon a causé sur lui !

« Nous l'établirons tout à l'heure. Quand nous vous aurons déroulé les résultats de cette instruction, vous concluerez comme nous en disant qu'Allais s'est fait dénonciateur calomnieux pour plaire à M. Yon, et que si M. Yon n'est pas aujourd'hui son co-prévenu, c'est que les éléments de la complicité légale ne nous ont pas parus suffisants, et que d'ailleurs nous n'avons pas voulu qu'on pût dire que nous avions mis quelqu'ardeur à poursuivre un homme qui s'est montré l'ennemi du gouvernement.

« Messieurs, quand au mois d'août l'Assemblée législative s'est prorogée, certains journaux attaquaient avec une grande vivacité une société qui s'était formée après l'élection de M. le président de la République, la société du Dix-Décembre. On attaqua aussi avec une grande violence les intentions de M. le président de la République. Le danger du socialisme paraissait écarté, on imagina le danger du bonapartisme.

« Au nombre de ceux qui voyaient un péril public dans le bonapartisme était M. Yon, commissaire de police de la ville de Paris, officier de police judiciaire, auxiliaire de M. le procureur de la République, attaché, par une faveur spéciale, au service intérieur de l'Asssemblée.

« Faut-il le prouver ? Allais n'entre dans la société du Dix-Décembre que sur les ordres de M. Yon. Au 31 octobre, Hardouin, un autre agent de M. Yon, va entrer sous les auspices d'Allais, et d'après les ordres de M. Yon, dans la société du Quinze-Août. Allais a dit à la femme Lebrejal : « Ça va mal ; M. Yon est un brave homme, il m'a tiré de la misère, mais il n'aime pas le président. » Enfin, dans un de ses derniers interrogatoires devant M. le juge d'instruction Delalain (il n'était pas exposé aux prétendues tortures de l'hôpital), il déclarait que M. Yon l'avait surtout chargé de surveiller les sociétés bonapartistes. « Surtout, tassez les bonapartistes, » lui disait M. Yon.

« Cette situation étant donnée, elle est exacte. Voyons quel est Allais, et nous comprendrons aisément que l'imagination pervertie de cet homme, provoquée par celui dont il était l'agent, ait enfanté la monstruosité que M. Yon a gravement recueillie dans un procès-verbal.

« Allais est un de ces hommes pour lesquels la langue française manque d'adjectif. Il n'a encore été frappé par aucune condamnation judiciaire, et pourtant quelle existence méprisable ! Marié, il traite sa femme de manière à l'obliger à fuir avec ses enfants, et plus tard vivant en concubinage avec la fille Raymond, nous le verrons mendiant un secours de l'Élysée, se donner comme un père de famille, père de plusieurs enfants, dont l'aîné n'a que huit ans !

« A Rouen, quelle est la conduite d'Allais ? il est arrêté dans les troubles de juin qui ont ensenglanté cette ville. On vous a dit comment il a échappé aux poursuites dont il fut l'objet à cette occasion ; il s'est dit l'agent de la police pour surveiller le parti insurrectionnel. Redevenu libre, il profite de cette déclaration pour se présenter au chef de la police de Rouen, à M. Samson, et son parti le qualifie, à cette occasion, de Judas Iscariote !

« Revenu l'agent de M. Samson, il se met aussitôt à l'œuvre, il fait des rapports quotidiens à son chef, il dénonce ses anciens amis, il signale M. Durand, neveu ; toujours il procède par le mensonge. Un jour il fait part à M. Samson d'une émeute qui aurait eu lieu à l'occasion d'une affiche, sur le quai Napoléon, à Rouen. M. Samson se transporte lui-même sur les lieux ; il ne voit pas même l'apparence d'une émeute. Voilà comment il renseignait la police de Rouen, où quelques jours après; il « était brûlé, » selon son expression.

« C'est en février 1849 qu'il vient à Paris. Si on en croit M. Yon, il était recommandé par des personnes honorables de Rouen, des magistrats, des membres de la Cour d'appel. M. Yon le prend sur ces recommandations, non pas comme agent de police, remarquez bien, mais pour faire des courses. Allais a donc du loisir, et il en profite pour faire un voyage dans le département d'Eur-et-Loir; il va à Maintenon, où il a des parents, des amis. Là, il joue le rôle d'agent provocateur et il adressse au garde-des-sceaux des dénonciations contre un huissier de Maintenon et contre un cantonnier, le sieur Boucher. Il prête à ce dernier ces mots : « Qu'il assassinerait le président de de la République, s'il passait à Maintenon, et qu'il fallait tuer le duc de Noailles et incendier ses propriétés. » On a informé et on a appris par le vicaire que Boucher est un honnête homme, sur les opinions duquel il ne s'élève aucune plainte. C'est alors qu'une plainte en dénonciation calomnieuse est portée contre Allais. C'est alors aussi que M. Yon intervient en faveur d'Allais. Il dit qu'il a dit la vérité en toute circonstance, qu'il en a acquis la preuve ; il ajoute qu'Allais est allé à Maintenon pour défendre la cause des honnêtes gens ; il dit que s'il s'est présenté conmme agent provocateur, c'est sur l'instigation de M. le duc de Noailles.

« Voyons donc si Allais n'a jamais menti. Il revient à Paris ; le maire d'une commune près Maintenon avait dit qu'Allais était un scélérat ; Allais répond à un de ses amis de Maintenon : « La conduite de Couturier (c'est le nom du maire) est pitoyable ; j'en ai parlé hier à un ministre à l'Assemblée nationale, il en a ri!... » N'allons pas plus loin, et dites si Allais, se targuant d'arrêter un ministre à l'Assemblée nationale, et de lui parler et de le faire rire, n'est pas le plus pitoyable ventard et en même temps le plus abominable menteur qui se puisse rencontrer.

« Mais allons plus loin. Nous sommes en juin 1850; nous allons trouver un portrait d'Allais tracé par la main de M. Yon, et cela au moment où il va le lancer contre les sociétés bonapartistes Dans cette lettre de M. Von, Allais est incapable de faire du mal, mais il a un esprit sans portée, sans intelligence ; il n'a jamais pu éteindre en lui des dispositions tendantes à la vantardise. « Je n'ai jamais pu lui confier, ajoute M. Yon, des missions qui exigent de l'intelligence et de l'appréciation. Si j'avais eu une mission dans les départements, je me serais gardé de l'employer. »

« Voilà le portrait d'Allais, Messieurs, tracé de la main de M. Yon, et cependant c'est à cette époque qu'il le charge de surveiller les sociétés bonapartistes.

« Allais accepte avec joie ; cette mission lui convient à merveille : pourvu qu'il acquière de l'importance, cela lui suffit. Aussi il n'hésite pas à imaginer un complot arrêté le 29 octobre ; il donne les détails les plus minutieux dès le 30 au matin ; il a assisté à la réunion où le complot s'est tramé. La réunion a eu lieu chez Pichon, épicier, rue des Saussaies ; il dit le nombre des assistants, et là, devant vingt-six membres de la Société des Amis de l'Ordre et de l'Humanité, devant deux femmes et un enfant, il ne craint pas d'affirmer qu'on a arrêté la résolution d'assassiner le président de l'Assemblée législative et le général commandant l'armée de Paris. Ce n'est pas tout : cet homme qu'on vous a dit être si discret, que lui-même a feint de craindre tant les indiscrétions, il parle du complot à M. Bled, secrétaire de M. Yon ; il en parle à la servante de M. Yon ; il en parlera aussi a la femme Raymond, à Hardoin, à d'autres encore.

« Si on en croit M. Yon, il lui aurait dit, le 30 octobre : « Ecrivez vos pensées, faites moi votre rapport. » Le 31, nous le trouvons chez lui dictant son rapport à son ami Hardoin, à Hardoin qu'une seule parole de l'éloquent défenseur que vous venez d'entendre a suffi à faire connaître : il dicte, disons nous, son rapport à Hardoin en prenant du café, en présence de la femme Raymond et de deux autres de je ne sais quels amis. Voilà celui qu'on vous a représenté comme un agent discret.

« Cependant Allais, qu'on vous a représenté en ce moment comme sous l'influence d'une hallucination, n'allait pas assez vite dans la rédaction de son rapport ; aussi on va prévenir M. Yon, qui l'attendait, qu'il n'est pas fait. M. Yon s'impatiente ; il va lui-même, de sa personne, chez Allais, rue du Renard-Saint-Mèry ; il ne craint pas de surprendre son subordonné dans son humble demeure, de s'y trouver avec des Hardoin, avec la concubine d'Allais ; il y va, et là, des témoins vous le disent, il a une conversation mystérieuse avec Allais. Rien ne transpire des paroles qu'ils échangent. Le soir, le rapport est terminé, et il est remis à M. Yon.

« M. Yon vous a parlé de la grande émotion dont il avait été saisi en lisant ce rapport. Les faits lui paraissaient si graves, si monstrueux, qu'il disait à Allais : « Mais sont-ils bien vrais? » Eh bien ! en présence de faits si graves, que va faire l'homme investi de la confiance d'un des pouvoirs publics, l'homme auxiliaire de la justice? Allais lui demande de ne pas révéler son rapport. Mais, de deux choses l'une : ou M. Yon a cru au rapport, et alors il devait se jeter à la traverse du complot, et remuer le ciel et la terre pour protéger les deux vies précieuses qui étaient menacées; il devait se hâter de faire ce qu'a fait son collègue, M. Brun, qui en un jour, a acquis la conviction que le complot était une chimère. Non, il reste là, tranquille, dans son cabinet; il ne se livre à aucune information, à aucune vérification ; il rédige un rapport sur le rapport d'Allais, et il donne quatre jours à Allais pour réfléchir. Pendant ces quatre jours, Allais ne paraît pas; M. Yon continue à rédiger son rapport.

« Remarquez que ce ne pourra être une œuvre spontanée, il y a une préface et une post-face; cette œuvre qu'on met six jours à composer, Messieurs, nous ne craignons pas de le dire, c'est une œuvre d'artifice et de mensonge. S'il en était autrement, s'il avait vérifié, s'il croit au complot, comment admettre la pensée qu'il aurait promis le silence à Allais sur une telle révélation? Remarquez encore que, sur ce point, Allais, qui a tant fait de versions, n'a jamais varié : il a toujours dit que M. Yon lui avait promis le secret le plus absolu. Eh bien ! nous le demandons à tous les honnêtes gens, jamais fonctionnaire public, jamais commissaire de police, dans une telle situation, a-t-il pu faire une telle promesse !

« Nous avons donc raison de dire que M. Yon n'a pas cru au complot. S'il y eût cru, il aurait fait ce qu'ont fait MM. Brun et Froissard; il eût agi activement, simplement, et eût acquis la preuve du mensonge de son agent. S'il n'y a pas cru, il a donc eu un mobile dans sa conduite, et ce mobile nous le découvrirons.

« Poursuivons le récit des faits. Cependant ce rapport est publié dans le *Journal des Débats*, nous ne savons par qui, nous ne voulons pas le savoir ; il est publié, et cela le 8 novembre. Or, ce qui est certain, c'est que ce n'est que le 9 que M. Yon arrive au parquet et remet son rapport. Dès le lendemain, il est entendu par M. Broussais, juge d'instruction. On cherche Allais, M. Broussais a envoyé à son domicile, rue du Renard, on ne l'y a pas trouvé ; on le demande à M. Yon, qui répond : « Aussitôt que j'aurai de ses nouvelles, j'en donnerai. » Le lendemain, M. Yon reçoit Allais chez lui ; au lieu de le mener chez M. le juge d'instruction, comme il avait promis, que fait-il ? Il le cache chez lui, dans le local qui lui est assigné par l'Assemblée nationale pour l'exercice de son emploi, et c'est à cette occasion que vous avez entendu Allais s'écrier dans une interruption : « Ah! vous étiez content de me tenir ! »

« Il le cache dans un cellier, dans une cave, et lui défend même de se montrer par la lucarne. Aussi, quand Allaïs comparaît enfin devant le juge d'instruction, il ne se rétracte pas ; non, il subit l'influence de M. Yon, il persiste dans ses premières déclarations, dans les mensonges de son rapport. A cela que répond M. Yon, quand on lui demande compte de cette détention d'Allais, de cette sequestration ? Il dit : Mais alors il n'y avait pas de mandat de justice décerné contre Allais. Quelle pitoyable raison. Et sa promesse donc, sa promesse de le représenter à la justice ! Sa promesse, il y manque, et pour lui, cacher Allaïs est d'un si grand intérêt, que lorsque la femme Raymond vient le demander, il lui fait un mensonge et dit qu'il n'est pas chez lui ; c'est encore à cette femme que M. Yon, malgré ses dénégations, persuade de demander un passeport pour Allais à Labrejal, ce qui tendait à insinuer que l'Élysée avait un intérêt à la fuite d'Allais.

« C'est cette influence, c'est cette conduite de M. Yon qui explique la persistance d'Allais à soutenir ses calomnies ; mais, une fois qu'il est soustrait à cette influence, quand il est à l'hôpital, où, quoi qu'on en ait dit, il était parfaitement libre, alors nous allons le voir entrer dans une voie nouvelle.

« C'est ici qu'il faut se rappeler les dates. Le réquisitoire d'incarcération est du 21 novembre, et c'est le 19, deux jours avant, qu'Allais se rétracte. Il apprend que le greffier de M. le juge d'instruction est venu à l'hôpital pour y faire préparer une salle destinée à l'interroger ; il le fait appeler et il lui demande de déposer devant M. Broussais. M. Broussais l'interroge, il fait la déposition que vous savez, celle que M. le président vient de lire, et qui contient la rétractation la plus formelle, la plus éclatante, la plus écrasante pour ceux qui auraient encore la témérité folle de soutenir l'existence du complot. Après cette rétractation, Allais se sent plus à l'aise, plus heureux ; il a déposé le fardeau du mensonge, et il s'en félicite. Confronté avec Pillon, Laveyssière, il persiste dans sa déclaration du 19. On le conduit rue des Saussaies, il y arrive cinq personnes qui remplissent le salon. Là, il convient encore que l'état matériel des lieux a rendu son mensonge impossible.

« Depuis, vous le savez, Allais est revenu sur sa rétractation et a persisté dans ses déclarations premières ; il aurait même nié la fantasmagorie du tirage au sort des conjurés, qu'il a avouée à cette audience, s'il eût osé. Mais, malgré son entente cordiale avec M. Yon, il n'a pas osé aller jusque là ; malgré les étreintes d'amitié que celui-ci lui prodigue pendant la suspension d'audience, il a craint d'aller jusque là dans sa reconnaissance. Mais, malgré les efforts de cette entente cordiale entre lui et M. Yon, tout cet échafaudage élevé n'est qu'une fable odieuse. Allais n'avait qu'un moyen de se réhabiliter, c'était de persévérer dans la vérité; mais il a abandonné cette voie pour reprendre d'anciennes inspirations. Dans ce but, il a essayé de s'attaquer à l'Élysée; M. Forestier n'a eu qu'un mot à dire pour le faire échouer honteusement; nous l'avons prouvé aussi par la lettre qu'il a écrite à M. Forestier, et dont nous avons donné connaissance au Tribunal.

« Vous savez maintenant ce qu'a fait Allais à l'Élisée; il y est allé deux fois: une première fois pour y porter une proclamation à l'armée, œuvre du parti rouge, et qu'il tenait de M. Yon ; la seconde fois, le 31 octobre, sa seconde visite à l'Élysée a eu pour but de faire croire que le secours de 40 fr. qu'il venait d'y recevoir prouverait, selon lui, qu'il avait reçu le salaire d'un conspirateur. A cet égard, il a reçu le plus complet démenti de M. Forestier. Ce jour là, vingt-huit personnes avaient été secourues par l'Élysée; dans ce nombre il y a dix-huit femmes, et des dix autres pas une n'appartient à une société bonapartiste.

« M. le substitut soutient que malgré cette entente qui a toujours existé entre Allais et M. Yon, toutes les circonstances de la cause viennent établir que la réunion du 30 octobre est une fable. Les dépositions de tous les témoins l'établissent: le concierge de la rue des Saussaies, dont la moralité est reconnue, affirme n'avoir rien vu, rien entendu. Laveyssière étabit victorieusement son alibi ; il était chez lui, il y travaillait. Allais signale la présence d'une femme Pichon, et cette femme n'existe pas ; M. Pichon n'est pas marié. Il dit qu'après le tirage au sort qui le désignait, il a été saisi d'une vive émotion, qu'il a été indisposé, et qu'une fille Désirée lui a donné un verre d'eau. Or, vous le savez, la fille Désirée ne connaît pas même Allais ; elle ne connaît pas davantage Pichon, ni la rue des Saussaies, et encore moins la Société des Amis de l'Ordre et de l'Humanité.

« Tels sont les faits, Messieurs ; nous avons eu la tâche ingrate de les rappeler après la parole éloquente du défenseur de la partie civile, mais c'était pour nous un devoir impérieux ; il fallait dire quels avaient été les deux rôles principaux joués dans cette affaire, au point de vue du ministère public.

« Quant à la pensée d'Allais, Messieurs, ai-je besoin de la chercher ? Mon Dieu, elle était à la hauteur de son âme; il voulait plaire à M. Yon ; il a mis dans toute cette affaire la forfanterie de son caractère, le vagabondage de son esprit, mais au fond de tout cela, il y avait l'intention, elle n'est pas douteuse, elle est facile à saisir, d'une dénonciation contre M. le président de la République. Cette dénonciation, dressée avec tout le luxe du mélodrame, était destinée à servir de drapeau au mauvais vouloir contre le chef du pouvoir exécutif; elle était destinée à rester secrète pour le plus grand nombre et montrée seulement à quelques-uns.

« Nous n'avons pas voulu de bruit, disent toujours les deux auteurs de cette affaire, nous n'avons pas voulu de scandale. C'est là, à notre avis, ce qui prouve la culpabilité d'Allais; c'est ce qui prouve que la dénonciation était un drapeau; et, quoiqu'il ne soit qu'un agent mis en œuvre, il n'y a pas de motif dans le procès pour ne pas épuiser contre lui la sévérité de la loi.

« Quant à M. Yon, nous n'avons pas à nous occuper de ce qu'il deviendra; mais ce que nous dirons, c'est qu'après le rôle qu'il a joué, c'est que quand un homme a tenu une telle conduite, il ne peut plus, sous aucun prétexte, être l'auxiliaire de la justice.

Lettres adressées par moi à M. le Juge d'instruction.

Monsieur le Juge d'instruction,

Je dois à moi-même, ainsi qu'aux honorables membres de la Société des Amis de l'Ordre et de l'Humanité, dont j'étais le secrétaire, de réfuter les allégations mensongères, autant que ridicules, émanant du sieur Allais qui m'a toujours paru atteint de la monomanie des complots.

D'après le journal l'*Évènement* du **17** de ce mois, qui me tombe à l'instant sous la main, un honorable représentant se serait, dit-on, entretenu avec Allais qui lui aurait positivement déclaré avoir reçu **40** fr. pour exécuter le fameux complot.

Voici, à l'égard de cette somme, ce qu'Allais m'a dit à plusieurs reprises dans mon bureau, rue du Faubourg-Montmartre, 9, et ce, en présence de plusieurs membres de la Société.

« Je suis allé, me dit-il, à l'Élysée voir Labregeal,
« pour qu'il me rendit une pièce que je m'étais pro-
« curée avec beaucoup de peine près des rouges, et
« qui contient les attaques les plus violentes, les plus
« outrageantes contre le président de la République.
« Labregeal me dit avoir remis cette pièce à M. Fo-
« restier, en promettant d'aller voir le lendemain ce
« dernier, pour me les remettre. »

C'est en effet, ce qu'Allais fit le lendemain matin, après quoi il s'empressa de venir me raconter que M. Forestier l'avait parfaitement accueilli, en lui disant toutefois que la lettre à laquelle il attachait de l'importance était entre les mains du président de la République, et qu'il ne pouvait la lui remettre; mais qu'il reconnaissait en lui un homme intelligent, dévoué et qu'il le priait d'accepter la somme qu'il lui remettait comme à-compte sur son dévouement.

Il ajouta que M. Forestier l'avait fortement engagé à accepter un emploi sous la direction de M. Carlier, ce à quoi il aurait répondu négativement en disant que M. Carlier n'était pas son homme, et que, d'ailleurs, il n'avait aucune confiance dans son dévouement au président.

A cette occasion, j'ai fait observer au sieur Allais que depuis qu'il était le chef de la police, M. Carlier n'avait cessé de donner des preuves de dévouement au président, et que j'étais convaincu que M. le préfet de police était loyalement dévoué au chef de l'État.

Il finit par me dire qu'il avait accepté l'argent de M. Forestier, en promettant de lui donner des notes sur tout ce qui pourrait arriver à sa connaissance, et que, sur cet argent, il était allé porter 40 fr. dans une maison où il les devait; qu'ensuite, s'étant trouvé un peu échauffé, M. Yon, qui l'aimait *comme son enfant*, s'était emparé de 10 fr. restant, dans la crainte qu'il ne les dépensât inutilement.

Voilà, d'après lui-même, l'origine de la somme touchée par le sieur Allais, somme multipliée par le récit des journaux qui ont fait à ce sujet tant de versions plus ou moins absurdes et plus ou moins variées.

Du reste, dans tout ce que présente d'odieux et de ridicule cette prétendue conspiration, le sieur Allais ne serait, à mon avis, que l'instrument, non pas aveugle, mais parfaitement éclairé de cette faction omnicolore, qui, dans ses conciliabules ténébreux, ne sait qu'ourdir pour amoindrir la plus noble des causes, dépopulariser l'honnête homme qui en est la personnification, et déconsidérer les hommes de cœur qui, malgré les attaques déloyales et passionnées de leurs adversaires, conservent religieusement dans leur cœur, le culte sacré qu'ils professent pour de grands et imposants souvenirs.

D'ailleurs, les assassins en politique ne se trouvent que dans les rangs des Trestaillons et des Verdets, et de ces misérables qui, égarés par les ennemis de l'humanité, ont lâchement massacré le général Bréa, tandis que, dans celui des bonapartistes, il ne se rencontre que des hommes de cœur, désintéressés, humains, et poussant la générosité jusqu'à l'abnégation, et luttant avec énergie contre des ennemis sans foi, sans patriotisme, devant lesquels ils n'ont jamais fléchi les genoux ni courbé la tête.

Agréez, M. le Juge d'instruction, les salutations respectueuses de votre serviteur.

Signé Mulet.

22 novembre 1850.

Deuxième Lettre écrite par moi à M. le Juge d'instruction.

Monsieur le Juge d'instruction,

Je n'ai forfait à l'honneur ni dans l'affaire du prétendu complot Allais ni dans une autre occasion ; je me crois néanmoins dans l'obligation de porter à votre connaissance un fait tout particulier relatif au sieur Allais, et qui dénote toute la perversité qui le caractérise.

Voici le fait en question : Dans les différents entretiens que j'ai dû avoir avec le sieur Allais, en sa qualité de membre de la *Société des Amis de l'Ordre et de l'Humanité*, entretiens qui avaient pour causes principales les renseignements que je désirais avoir sur un sieur Collignon qui, lui-même, avait été attaché à l'Assemblée nationale sous le gouvernement provisoire, adhérent à la *Société Picot*, mais dont l'expulsion avait été provoquée par des rapports qui nous étaient parvenus sur son compte, je me suis appliqué en même temps à scruter les antécédents du sieur Allais.

J'ai donc profité de toutes les occasions qui se présentaient pour me mettre au courant de la vie passée de ce singulier citoyen, et c'est ainsi que je suis arrivé à connaître beaucoup plus que je ne demandais.

J'ai appris de lui notamment qu'avant d'être attaché à la police particulière de M. Yon, il avait fait partie de la police secrète du commissaire du gouvernement provisoire à Rouen ; qu'il était même intimement lié avec ce fonctionnaire dont il partageait quelquefois la table en compagnie d'un nommé Durand de l'Age. Il n'a pas craint de me révéler, dans ses confidences non moins ignobles qu'effrontées, que, lors des troubles de Rouen, il avait, en sa qualité d'agent, provoqué le peuple à tirer sur la troupe, et que plus tard, par un revirement de conduite infâme, initié à la politique et aux sentiments du sieur Durand, il avait réussi à le faire condamner lorsqu'il avait été traduit devant le Conseil de guerre, et que sa déposition seule avait amené la condamnation de ce malheureux.

N'obéissant, ici, Monsieur le juge d'instruction, qu'à l'inspiration de ma conscience, n'éprouvant aucun besoin de récrimination envers le sieur Allais, bien qu'il m'ait fait figurer dans une conspiration dont la stupidité égale l'infamie, et dont il sera appelé à rendre compte devant la justice du pays, je croirais manquer à la vérité, à la justice, à mon devoir, si je n'apportais pas à votre connaissance ce que m'a révélé lui-même cet agent provocateur de sa conduite à l'égard d'un prévenu, d'un innocent peut-être.

L'agent qui, investi d'une autorité occulte, provoque les masses à méconnaître la majesté des lois, cet agent coupable est un homme au sujet duquel on peut tout supposer et tout croire, et dont les inventions récentes n'auront rien qui puisse étonner les lecteurs du rapport de la chambre du conseil.

Plusieurs fois, Monsieur le Juge d'instruction, je me suis présenté pour vous faire de vive voix cette déclaration, mais vos nombreuses occupations ne m'ayant pas permis de vous voir, j'ai pris le parti de vous adresser cette lettre qui n'a d'autre but que de vous éclairer sur un individu qui ne m'inspire que mépris, et auquel je n'ai jamais porté amitié, ne l'ayant d'ailleurs connu qu'en sa qualité d'adhérent aux deux Sociétés, dont j'ai été le secrétaire.

J'ai l'honneur d'être, Monsieur, avec respect, votre serviteur.

12 décembre 1850. *Signé* MULET.

Lettre adressée à M. Desblé, délégué de la Société.

Monsieur,

Je viens vous faire part que la *Société des Amis de l'ordre et de l'humanité* n'est nullement instituée pour admettre dans son sein les hommes qui ont été repoussés par celle du *Dix-Décembre*, dont j'ai été le secrétaire.

Je vous engage, en conséquence, Monsieur, à faire connaître au sieur Galland que, par suite de renseignements officiels qui nous sont parvenus sur son compte, nous l'avons rayé du nombre des adhérents à notre Société, dans laquelle il n'avait, du reste, été admis que provisoirement.

Abstenez-vous de toute propagande jusqu'à ce que des instructions détaillées vous aient été données.

J'ai l'honneur, etc.

MULET.

25 novembre 1850.

Dans les lettres que j'adressais à mes amis, en province, le seul passage politique qu'elles contenaient était ainsi conçu :

« Que les citoyens aimant sincèrement leur pays ne devaient pas hésiter à donner leur signature pour que le digne président de la République soit investi de l'autorité gouvernementale pour 10 années; » et je leur disais que je regardais la prorogation comme le salut du pays.

Il y a loin de là, comme on le voit, à la proclamation de l'empire et au renversement de l'Assemblée nationale. Je fais le public juge des assertions du sieur Allais devant la police correctionnelle.

MULET.

STATUTS.

But, Dénomination et durée de la Société.

Art. 1er. — Il est formé, dans l'étendue du département de la Seine, entre les citoyens qui adhèreront aux présents statuts, une association civile fondée sur les sentiments de fraternité qui les unissent.

Cette association a pour titre : *Le Dix-Décembre*, société de secours mutuels.

Elle a pour but de secourir, dans les limites de ses ressources, ceux des sociétaires qui pourront être frappés par des maladies graves, des accidents ou des malheurs imprévus.

Les secours pourront être étendus, mais, par exception, aux veuves et aux enfants des sociétaires et aux membres de la Société qui seront dans l'impossibilité reconnue de continuer le paiement de leurs cotisations.

Art. 2. — La durée de la Société est illimitée, sauf le cas de dissolution prévu par le dernier paragraphe de l'article 37.

Son siége est établi à Paris.

Art. 3. — Les membres de l'association se divisent en sociétaires actifs et en donateurs.

Les uns et les autres prennent l'engagement de payer une cotisation mensuelle.

Les sociétaires actifs sont ceux qui s'occupent personnellement des intérêts de la Société.

Les donateurs sont ceux qui veulent bien coopérer, par des souscriptions *seulement*, à la prospérité de l'association.

Admission.

Art. 4. — L'admission dans la Société a lieu par l'intermédiaire d'organisateurs et de commissaires, spécialement chargés des renseignements à prendre sur la moralité des citoyens qui désirent en faire partie.

Art. 5. — L'organisateur ou le commissaire qui présente un citoyen désirant faire partie de la Société, donnera les nom, prénoms, profession et domicile de celui qu'il présente, et recevra en échange un titre d'admission.

Ce titre portera le nom du nouveau membre, le nom de celui qui l'aura présenté, son numéro d'ordre au registre général d'inscription, et la date de son admission.

Le titre d'admission portera la signature du président, celle du censeur, celle du secrétaire-général et le timbre de l'association.

Cessation de contrat.

Art. 6. — L'engagement social cesse pour le sociétaire et la Société :

1° Pour cause de mort ou de démission;

2° Pour prise d'armes et toute manifestation publique contre le gouvernement établi ;

3° Pour toute condamnation à une peine infâmante ou à une peine afflictive qui priverait le sociétaire de ses droits civiques, ou pour toute autre cause jugée assez grave par le conseil central d'administration pour motiver l'exclusion du sociétaire.

Cotisation.

Art. 7. — Le mois pendant lequel est admis un sociétaire se paie intégralement et au moment de l'admission, quelle que soit l'époque à laquelle ait lieu cette admission.

Le titre d'admission est fixé à 50 cent. et se paie immédiatement.

Les cotisations payables à l'avance doivent être acquittées, au plus tard, le 10 de chaque mois.

Art. 8. — La cotisation fixe est de *cinquante centimes* par mois. Cette cotisation est comprise dans celles supplémentaires fixées comme suit :

Pour les membres du conseil supérieur et du conseil d'administration. . . . . 5 f.

Pour les organisateurs généraux. 4

Pour les commissaires organisateurs et les commissaires délégués. 3

Pour les commissaires généraux, les commissaires-adjoints, les commissaires-inspecteurs. 1

Pour les chefs de sections. . . . . » 50

Art. 9. — Les versements sont faits entre les mains des commissaires, en conformité des instructions du conseil.

Art. 10. — Si un sociétaire, non compris dans le dernier paragraphe de l'art. 1er, laisse écouler deux mois sans acquitter sa portion contributive, les bénéfices de l'association sont suspendus à son égard.

Art. 11. — Le fonds social se compose :

1° Du produit du titre d'admission ;

2° Du produit de la cotisation fixe ;

3° Des cotisations supplémentaires imposées aux membres des conseils supérieur et d'administration, aux organisateurs et aux commissaires ;

4° Des membres donateurs.

De l'Administration.

Art. 12. — L'association sera sous la direction du censeur et administrée par un conseil central de trente membres ayant tous voix délibérative et composé comme suit :

1 président,
2 vice-présidents,
1 censeur,
1 trésorier,
2 secrétaires généraux,
23 membres administrateurs.

Art. 13. Le conseil central d'administration nomme, parmi ses membres, une *commission de permanence* composée de neuf membres, qui choisissent parmi eux un président, un vice-président et un secretaire, et peuvent délibérer au nombre de cinq membres.

Cette commission remplace le conseil central pendant l'intervalle de ses réunions, et demeure spécialement chargée de la surveillance et du placement des fonds, s'il y a lieu ; elle délègue chaque semaine un de ses membres, qui sera adjoint au censeur pour ordonnancer les dépenses de toute nature. Ses décisions seront toujours soumises à l'approbation du conseil central d'administration, à chaque réunion mensuelle.

Les membres du conseil central pourront assister, avec *voix con-*

sultative seulement, aux délibérations de la commission de permanence.

Art. 14. — Le conseil central d'administration est renouvelé par moitié tous les trois ans. Les membres sortants peuvent être réélus.

Le prochain renouvellement aura lieu en janvier 1853.

Art. 15. — En cas de décès, de démission, de non-paiement de cotisations ou d'absence répétée et sans motifs de l'un des membres des conseils ou de la commission de permanence, le conseil pourvoit à son remplacement.

Art. 16. — Le conseil central d'administration choisit dans son sein les membres qui doivent composer son bureau, en conformité de l'art. 12 ci-dessus. Les fonctions des membres du bureau et de la commission de permanence durent un an. Les membres sortants peuvent être réélus.

Art. 17. — Les 60 premiers souscripteurs sont considérés comme membres fondateurs et en prennent le titre.

Les membres fondateurs forment un conseil supérieur et se réunissent de droit tous les trois mois, au siége de l'administration, en assemblée régulière, pour entendre le compte-rendu des opérations, qui leur sera fait par le conseil central d'administration. Le conseil supérieur sera convoqué par le conseil central toutes les fois que les circonstances l'exigeront.

Les membres fondateurs, auxquels seront adjoints vingt membres au moins pris parmi les premiers souscripteurs, nommeront, à la majorité des voix, pour la constitution définitive de la Société, les membres du conseil central d'administration.

Les membres du conseil central ainsi nommés seront renouvelés en conformité des art. 14 et 29.

Art. 18. — Le conseil central d'administration délibère sur toutes les affaires de la Société. Les décisions sont prises à la majorité des voix ; en cas de partage, le président a voix prépondérante.

Les délibérations sont consignées sur un registre tenu à cet effet. Neuf membres au moins doivent être présents pour que les délibérations soient régulièrement prises.

Art. 19. — Le conseil central d'administration s'assemble, une fois chaque mois, au siége de l'administration. — Il se réunit plus souvent, s'il y a lieu, sur la convocation du président ou du censeur.

Art. 20. — Le conseil central a tous les pouvoirs pour transiger ou compromettre, intenter ou soutenir toute action judiciaire dans l'intérêt de la Société, poursuites et diligences du censeur.

Art. 21. — Afin d'opérer les rentrées des cotisations sans frais, il sera nommé par le conseil central d'administration des organisateurs généraux, des commissaires organisateurs, des commissaires généraux et autres, pris parmi les sociétaires pour recevoir les cotisations, surveiller l'exécution des statuts et la distribution des secours. Le conseil réglementera la nomination et les fonctions de ces représentants de l'association.

Art. 22. — Des comités de surveillance formés des commissaires généraux, adjoints et autres, seront établis dans les arrondissements et devront fournir au conseil central les renseignements dont il pourrait avoir besoin pour assurer la prompte et loyale exécution des statuts.

Ces comités seront présidés par les organisateurs généraux ou par les commissaires organisateurs.

Art. 23. — En cas de décès, de démission ou d'absence répétée, sans motifs valables, d'un de ses membres, chaque comité de surveillance en donne immédiatement avis au conseil central, qni, sur la présentation du comité, pourvoit au remplacement du membre décédé, démissionnaire ou révoqué.

Art. 24. — Chaque comité de surveillance nomme parmi ses membres un vice-président et un secrétaire.

Il nomme, également à l'élection, un membre délégué pour le représenter auprès du conseil central.

Art. 25. — Les comités se réuniront au moins une fois tous les trois mois, au lieu qui leur sera indiqué par la lettre de convocation de leur président.

Ils se réuniront plus souvent, s'il y a lieu, sur la convocation de l'organisateur général de leur arrondissement ou du commissaire organisateur chargé de la présidence, ou du président du conseil central ou du censeur.

Art. 26. — Chaque comité, dans sa circonscription, sera tenu de se faire rendre compte par les commissaires généraux de ce qui aura été fait par eux, et de veiller à l'exécution des statuts et règlements.

Du Conseil général.

Art. 27. — Le conseil général se compose des membres des conseils supérieur et central, organisateurs généraux, commissairss généraux et des délégués élus par chaque comité de surveillance.

Art. 28. — Le conseil général se réunira une fois l'an, ou plus souvent, s'il est nécessaire, sur la convocation du président du conseil central d'administration ou du censeur, dans le local qui lui sera désigné à cet effet.

Art. 29. — Le conseil général nommera les membres du conseil central d'administration, à partir du prochain renouvellement qui aura lieu en conformité de l'art. 14.

Art. 30. — Un procès-verbal de chaque réunion, signé par le président et le secrétaire élus à cet effet, sera immédiatement transmis au conseil central.

Du Censeur.

Art. 31. — Le censeur, chargé de la direction de la Société, est membre délibérant de droit de toutes les commissions. Il est chargé de veiller à l'exécution des statuts, des décisions prises par le conseil général, le conseil central d'administration et les commissions.

Il nomme et révoque les employés de la Société, détermine leurs fonctions, et, d'accord avec la commission de permanence, fixe leurs honoraires. Il peut, en cas d'absence, se faire remplacer par un membre du conseil central.

Art. 32. — Par dérogation à l'art. 14 ci-dessus, le censeur n'est point compris dans la disposition relative aux membres du conseil à l'égard du renouvellement par moitié des membres du conseil.

Art. 33. — Le censeur ne peut être révoqué que pour cause de prévarication; dans ce cas, le conseil général, sur la proposition du conseil central d'administration, par une délibération motivée, prononce sa révocation.

Art. 34. — En cas de démission du censeur, il est pourvu provisoirement à son remplacement par le conseil d'administration et définitivement par le conseil général, en conformité des articles 15 et 29.

Art. 35. — M. Gallix, chevalier de la Légion-d'Honneur, est nommé censeur du conseil central d'administration, et, en conformité de l'article 12, chargé de la direction de l'association.

Des Dépenses.

Art. 36. — La Société le Dix Décembre n'étant établie que dans un intérêt général, les fonctions des membres administrateurs sont gratuites; dès lors, les frais de loyer du siège de l'administration, les appointements des employés, les frais d'impression, en un mot tous ceux jugés nécessaires par le conseil central, sont à la charge de l'association.

Dissolution de la Société.

Art. 37. — Dans le cas où, pour de graves motifs, le conseil central jugerait que la Société doit être dissoute, il serait alors tenu de prendre à cet égard une délibération motivée.

Copie de cette délibération serait adressée aux organisateurs généraux, avec avis de convocation des comités de surveillance. Il serait donné connaissance à ces comités, de la délibération du conseil central d'administration; si cette demande était prise en considération, elle serait mise aux voix, et le vote secret aurait lieu immédiatement.

Copie de ces diverses délibérations des comités, contenant le dépouillement des votes, serait adressée au conseil central, qui prononcerait alors la dissolution, si les deux tiers des votants avaient voté dans ce sens.

Dispositions générales.

Les modifications aux présents statuts seront délibérées par le comité central et approuvées par le conseil général; elles devront être adoptées à la majorité des deux tiers des membres présents, qui ne pourront être au-dessous du tiers des membres composant lesdits conseils et comités, convoqués spécialement à cet effet par lettre indiquant l'objet des modifications.

INSTRUCTIONS RELATIVES A L'ORGANISATION.

Les organisateurs généraux.

Chaque organisateur général aura pour circonscription un arrondissement, et s'adjoindra quatre commissaires organisateurs.

L'organisateur général portera, sur un tableau qui lui sera remis à cet effet, les *nom*, *prénoms*, *profession* et *domicile* de chacun des quatre commissaires organisateurs présentés par lui, et qui devront être pris dans chacune des circonscriptions des bataillons de la garde nationale. Il signera ce tableau et le remettra au censeur qui lui donnera en échange, pour chacun des quatre commissaires organisateurs, un exemplaire des statuts, auquel sera adjoint le titre d'admission, en conformité à l'art. 5.

Le mois pendant lequel est admis un sociétaire devant être payé au moment de l admission et intégralement, quel que soit l'époque à laquelle ait lieu cette admission, l'organisateur général recevra de chaque commissaire organisateur une somme de 3 fr., plus celle de 50 cent., due pour chaque titre d'admission. Ces sommes seront versées au censeur qui en donnera quittance.

Les organisateurs généraux seront en rapport direct avec le conseil central d'administration, et devront transmettre immédiatement à l'administration tous rapports ou pièces qui pourraient leur être remis à cet effet.

Les Commissaires organisateurs.

Chaque commissaire organisateur s'adjoindra huit commissaires généraux, pris dans chacune des compagnies de la garde nationale qui formeront sa circonscription.

Le commissaire organisateur recevra de chaque commissaire général 1 fr. pour le montant de la cotisation du mois pendant lequel il est admis, en plus 50 cent. dus pour chaque titre d'admission. Il portera ensuite sur le tableau qui lui sera remis à cet effet, les *nom*, *prénoms*, *profession* et *domicile* de chaque commissaire général présenté par lui.

Chaque commissaire organisateur remettra ensuite, soit à l'organisateur général, soit au siège de l'administration, le tableau de ses commissaires généraux et les cotisations perçues. Il lui sera remis en échange un exemplaire des statuts contenant le titre d'admission pour chacun des nouveaux adhérents, et en même temps le reçu des sommes versées.

Les commissaires organisateurs devront transmettre immédiatement à l'organisateur général les pièces et documents qui leur seraient remis à cet effet.

Les Commissaires généraux.

Chaque commissaire général s'adjoindra, dans la circonscription de la compagnie qui lui est désignée, six commissaires adjoints, dont il portera sur le tableau qui lui sera remis à cet effet, les *nom*, *prénoms*, *profession* et *domicile* de chacun d'eux. Il recevra en même temps 1 fr. pour la cotisation du premier mois, plus 50 cent., pour chaque titre d'admission.

Le tableau et les fonds perçus seront immédiatement transmis par chaque commissaire général à celui des commissaires organisateurs par qui il aura été présenté, à moins qu'il ne veuille en faire la remise directe au siège de l'administration, où il lui sera remis par le censeur un exemplaire des statuts et un titre d'admission pour chacun des adhérents portés sur le tableau, et de plus un reçu pour les sommes versées.

Chaque commissaire général devra immédiatement transmettre, soit à la direction, soit à son commissaire organisateur, tous documents ou pièces qui pourraient lui être remis à cet effet.

Les Commissaires-Adjoints.

Chaque commissaire-adjoint s'adjoindra, *dans la circonscriptio de la compagnie*, cinq chefs de section dont il portera les *nom*, *prénoms*, *profession* et *domicile* sur le tableau qui lui sera remis à cet effet. Il recevra en même temps de chacun des chefs de section choisis par lui 50 cent. pour le premier mois de cotisation, et 50 cent. pour le titre d'admission.

Le tableau et les fonds perçus seront immédiatement transmis par chaque commissaire-adjoint à celui des commissaires généraux par qui il aura été présenté, à moins qu'il ne préfère remettre directement le tout au siège de l'administration, où il lui sera remis, par le censeur, un exemplaire des statuts et un titre d'admission pour chacun des adhérents portés sur le tableau, et, de plus, un reçu pour les sommes versées.

Chaque commissaire-adjoint devra immédiatement transmettre, soit à la direction, soit à son commissaire général, tous documents ou pièces qui pourraient lui être remis à cet effet.

Les Chefs de section.

Chaque chef de section s'adjoindra, *dans la circonscription de la compagnie où est son domicile*, cinq sociétaires et portera leurs *nom*, *prénoms*, *profession* et *domicile* sur le tableau qui lui sera remis à cet effet.

Il percevra pour le premier mois 50 cent. de cotisation, et 50 cent. pour chaque titre d'admission.

Le tableau et les fonds perçus par chaque section seront immédiatement remis par lui à son commissaire-adjoint, ou s'il le préfère, au siége de l'administration. Il lui sera remis un exemplaire des statuts, un titre d'admission pour chacun de ses sociétaires et un reçu des sommes versées.

Les chefs de section qui auront quelques rapports et quelques demandes à adresser pourront en faire la remise, soit directement à l'administration, soit à leur commissaire-adjoint.

Nota. — Des modifications aux instructions ci-dessus pourront avoir lieu dans l'organisation des arrondissements de Saint-Denis et de Sceaux, en ce sens que les cantons pourront, quant au nombre des commissaires organisateurs et autres, être assimilés aux arrondissements de Paris.

Les Inspecteurs.

Pour assurer l'entière exécution des statuts, accélérer l'organisation, surveiller la remise des secours et prendre, à cet efft, tous renseignements nécessaires pour en assurer une loyale distribution, il est nommé des commissaires qui prendront le titre d'inspecteurs.

Quand les inspecteurs se présenteront chez un sociétaire quelconque, ils devront être porteurs de leur titre d'admisston, afin d'éviter ainsi tout prétexte même d'erreur.

Les membres de la société à qui les inspecteurs peurront s'adresser pour des renseignements à prendre, sont priés de vouloir bien les faciliter autant que possible dans les fonctions *gratuites* et souvent pénibles que, dans leur dévouement à l'œuvre entreprise par la société le *Dix-Décembre*, ils ont bien voulu accepter.

Dispositions générales.

L'article 7 des statuts prescrivant le paiement des cotisations au plus tard, le 10 de chaque mois, Messieurs les membres actifs de l'association voudront bien suivre la marche suivante au sujet des recettes à opérer : Dès le commencement de chaque mois, les chefs de section recevront des cinq sociétaires présentés par eux, leur 50 cent. de cotisation, qu'il verseront le 4 de chaque mois entre les mains de leur commissaire-adjoint qui leur en donnera quittance.

Chaque commissaire-adjoint recevra des cinq chefs de section leur 50 cent. de cotisations mensuelles, et en fera le versement aux mains de son commissaire général, qui en donnera quittance, en même temps que des cotisations provenant des sectionnaires. Les recettes opérées par le commissaires-adjoint devront être versées le 6 de chaque mois.

Chaque commissaire général recevra de ses six commissaires-adjoints leur cotisation mensuelle de 1 franc, plus les fonds perçus par ces mêmes commissaires-adjoints, et remettra le tout le 7 de chaque mois, à son commissaire organisateur qui lui en donnera quittance.

Les commissaires organisateurs chargés de recevoir 1 franc par mois pour les cotisations des huit commissaires généraux présentés par eux, feront leurs versements le 9 de chaque mois, entre les mains de l'organisateur général, qui leur en donnera quittance.

Les organisateurs généraux, en même temps qu'ils recevront les onds qui pourront être versés, provenant des cotisations des sociétaires de leur circonscription, percevront 3 fr. de chacun de leurs commissaires organisateurs et verseront le tout au censeur, qui en délivrera quittance.

Les versements pourront aussi être faits directement au siége de l'administration, par chacun des sociétaires ci-dessus, chargés d'opérer les rentrées.

Quant aux demandes de secours qui pourront être faites par les sociétaires qui se trouveront dans le cas d'en reclamer, elles devront être remises, *autant que possible*, directement au siége de l'administration, afin d'éviter tout retard dans la distribution,

Toute demande de secours doit être accompagnée de l'attestation du Président du comité de surveillance le plus rapproché dn domicile du réclamant, ou tout au moins d'un commissaire général, qui, sous sa responsabilité, attestera le fait sur lequel s'appuie la demande de secours.

Chaque comité de surveillance est tenu, en conformité à l'article 26 des statuts, de veiller à l'exécution des *présentes instructions*, approuvées par le conseil d'administration, en conformité à l'art 21.

Paris, le 1er octobre 1849.

Le censeur du conseil central d'administration,
directeur de la société,

GALLIX.

Société de Secours mutuels

DES

AMIS DE L'ORDRE ET DE L'HUMANITÉ.

Statuts

QUI DEVAIENT ÊTRE PUBLIÉS.

Art. 1er. — La *Société des Amis de l'Ordre et de l'Humanité* a pour but de se procurer mutuellement toutes sortes de secours : Elle n'admet dans son sein que des hommes moraux, fidèles au gouvernement et dévoués à leur patrie.

Art. 2. — La société se place sous le patronage de Notre-Dame-d'Août.

Ar. 3. — L'administration de la société est confiée à un bureau composé de dix membres :

Un président;

Deux vice-présidents,

Un directeur ;

Un trésorier ;

Un secrétaire ;

Quatre membres administrateurs.

Art. 4. — Le président préside les réunions à moins d'empêchement. Il surveille toutes les opérations de la société et veille à l'exécution des règlements.

Art. 5. — Les vice-présidents remplaçent le président, lorsque celui-ci est absent, ils jouissent des mêmes droits et prérogatives.

Art. 6. — Le directeur tient la comptabilité de la société; il reçoit les cotisations, dons, amendes, etc., pour en faire le versement au trésorier ; le bureau laisse entre ses mains une somme suffisante pour les dépenses journalières; à la fin de chaque mois, le directeur rend ses comptes aux membres du bureau ; en cas d'absence, il se fait remplacer par le secrétaire.

Art. 7. — Le trésorier encaisse toutes les recettes, et paye toutes les dépenses autorisées par le bureau; il rend ses comptes à la fin de chaque mois comme le fait le directeur.

Art. 8. — Le secrétaire est chargé de la correspondance, de la rédaction et de la lecture des procès-verbaux de chaque séance et généralement de toutes écritures du bureau.

Art. 9. — Les membres administrateurs donnent leurs conseils et voix délibératives.

Art. 10. — Le bureau se réunit tous les jeudis soir, à 8 heures, au siége de la société, Faubourg-Montmartre, 9, mais, s'il était nécessaire, les époques de réunion seraient plus rapprochées.

Art, 11. — Tout sociétaire paye d'avance un droit fixe de 1 fr. pour son admission, et une cotisation mensuelle de 50 centimes, sans préjudice aux offrandes faites par les membres, en faveur des frères nécessiteux.

Art. 12. — Les personnes qui, par leurs dons, concourront au bien-être et au développement de la société, recevront le titre de membres bienfaiteurs. Un registre sera tenu sur lequel leurs noms, adresses, et le montant de leurs dons seront inscrits.

Art 14. — Le sociétaire malade reçoit indépendamment de la visite du médecin, un secours jonrnalier de 1 fr., pendant tout le temps que dure sa maladie, et si ledit malade se trouve chargé de famille, il sera délibéré en séance sur le montant à lui accorder.

Art. 14. — Quand un sociétaire viendra à décéder, le bureau convoquera soixante membres pour assister à son convoi, il sera même tenu de s'y faire représenter par un ou deux de ses membres, et si la famille du défunt est nécessiteuse, la société se chargera des frais d'enterrement.

Art. 15. — La société fera tous ses efforts pour procurer de l'ouvrage à ceux de ses membres qui se trouveront sans emploi.

Art. 16. — Lorsque la société sera dans un état prospère, c'est-à-dire lorsqu'elle aura en caisse des fonds suffisants, elle donnera à chacun de ses membres sans travail, et dépourvus de tous moyens d'existance une somme journalière de 1 fr.; elle pourra aussi avancer à ceux de ses membres qui sont dans le commerce les fonds nécessaires pour payer, soit un billet à ordre, soit une traite à laquelle il serait bien prouvé qu'il ne pourrait faire honneur ; toutefois, néanmoins, sur des garanties physiques et morales.

Art. 17. — La caisse restera au siége de la société.

Art. 18. — Le placement des fonds aura lieu toutes les fois qu'il y aura en caisse une somme de 100 fr. en sus de celle jugée nécessaire pour faire face aux besoins de la société. Ce placement sera fait à la caisse d'Epargne, par le président, le directeur et le trésorier. Les titres résultants des placements de fonds, seront déposés dans la caisse de la société.

Art. 19. — Tout sociétaire, en prévenant les membres du bureau 48 heures à l'avance, pourra vérifier les opérations de la société, soit sous les rapports financiers, politiques ou humanitaires.

Art. 20. — Le plus grand silence devra règner pendant tout le temps que dureront les séances.

Art. 21. — Nul ne pourra prendre la parole, s'il ne l'a obtenu du président.

Art. 22. — Les simples sociétaires seront exclus des séances ordinaires du bureau, mais ils seront tenus de se faire présenter aux assemblées générales qui auront lieu aux époques fixées, par des délégués choisis parmi eux à cet effet; lesdits délégués seront pris dans les sections, et choisis au nombre de deux à la pluralité des voix.

Art. 23. — Tout membre de la société, qui, sans motif légitime porté à la connaissance du bureau, ne répondrait pas à l'appel de leurs noms, au commencement et à la fin de chaque séance, seront passibles d'une amende de 1 fr.; seront passibles de la même amende, les sociétaires qui prendraient la parole sans y être autorisés par le président, ou qui troubleraient d'une manière quelconque le silence qui doit être observé pendant les séances.

Art. 24. — Le sociétaire en état d'ivresse ne sera point admis aux séances.

Art. 25. — La société a quatre assemblées générales par an. Dans ses assemblées, les membres du bureau rendent à leur co-sociétaires un compte fidèle de leur gestion.

Art. 26. — La dissolution de la société ne peut être prononcée qu'en assemblée générale st sur la demande des trois quarts des sociétaires,

Art. 27. — Le bureau a le droit de renvoyer tout membre qu'il reconnaît immoral, ou qui après de paternels avertissements refuse de se conformer aux présents Statuts.

Membres du conseil d'administration :

MM. Chautard, chevalier de la Légion-d'Honneur, président;
Manceau, capitaine, chevalier de la Légion-d'Honneur, vice-président;
Picot, artiste, vice-président ;
Pillon, directeur (artiste caligraphe);
Mulet, ancien percepteur, secrétaire-général ;
Deville, agent d'affaires, trésorier ;
Vas, ébéniste ;
Langlumez, rentier ;
Demolliens, ferblantier ;
Fourcade, interprête.

Montmartre.—Imprimerie Pilloy frères et Comp.

www.ingramcontent.com/pod-product-compliance
Ingram Content Group UK Ltd.
Pitfield, Milton Keynes, MK11 3LW, UK
UKHW020412220726
13923UKWH00004B/1894

9 782019 300333